“ Les Richesses de Chez-Nous ”

CAMY-RENOULT

La Côte de Grâce et sa Chapelle

PAGES ET IMAGES

Présentation de Lucie Delarue-Mardrus
Illustrations de Moutier, Kendall - Taylor
et de “ L'Image Saint-Romain ”

Editions HENRI DEFONTAINE
41, Rue de la Grosse-Horloge, ROUEN

1923

La Côte de Grâce et sa Chapelle

NOTRE-DAME DE GRACE DE HONFLEUR

Image inédite de G. Ruel.

“ Les Richesses de Chez-Nous ”

CAMY - RENOULT

La Côte de Grâce et sa Chapelle

PAGES ET IMAGES

Présentation de Lucie Delarue-Mardrus
Illustrations de Moutier, Kendall-Taylor, H. de Saint-Delis
et de “ L'Image Saint-Romain ”

Editions HENRI DEFONTAINE
41, Rue de la Grosse-Horloge, ROUEN

1923

LA COTE DE GRACE

C'est beau, ce large estuaire de la Seine, mélancolique et grave; au delà, ces falaises qui abritent l'une des plus industrieuses villes de France; ces flots qui, d'un côté, vont, viennent dans une agitation sans repos, tandis que de l'autre, sommeille l'Auge avec ses bœufs lents et ses vergers gras; ces pâtures, insoucieuses de l'air marin, au point de venir étaler leur tapis jusqu'au sable même; ces forêts de pommiers, notre arbre sacré à nous, qui dressent, à l'aise, dans un ciel très doux, leurs têtes blanchies de fleurs neigeuses au printemps et empourprées de fruits d'or à l'automne; cette Honfleur charmante qui s'affaire à nos pieds; ces ormes qui tendent les uns vers les autres leurs branches fraternelles, dessinant la voûte d'une cathédrale de la Nature; cette petite chapelle, enfin, cachée au sein de ce paysage de prestiges, ainsi qu'un nid de passereaux parmi les mousses des hauts et nobles bois... Oui, tout cela est beau !...

Mgr Touchet, Evèque d'Orléans,
(*La Normandie*).

AVANT-PROPOS

Si j'avais le dessein de faire, ici, œuvre d'historien, je commencerais, ainsi que firent tous mes érudits devanciers, par vous conter que « dans une antiquité reculée », Jules César, à son retour de sa seconde expédition chez les Bretons, débarqua dans une mince bourgade, située à l'embouchure de la Seine, plus en avant de la Côte de Grâce que ne l'est aujourd'hui Honfleur ou *Honna-Flew* : Sous le flot (ainsi que l'on disait au VIe siècle) et qui s'étendait jusque vers Vasouy, sur des terrains repris, depuis, par la mer.

Cette bourgade, entrée dans l'histoire sous le nom de Portus-Iccius, était le point de jonction de quatre anciennes voies romaines, dont les traces, ainsi que celles d'un camp romain, encore visibles sur le plateau de Grâce, serviraient à appuyer mes dires, basés, d'ailleurs, sur les écrits de savants chercheurs, et sur la tradition populaire, que l'on doit croire. Ceux-ci et celle-là affirment même que Labinius, lieutenant de César, établit, sur la Côte de Grâce, le campement de ses trois légions de deux mille cavaliers chacune.

Je pourrais ajouter, — pour témoigner d'un savoir complet, — que, dès l'an 286 de notre ère, des pirates venus du Nord, des Suèves, sans doute, firent une première apparition sur la rive gauche de la Seine, et que, pour enrayer les invasions successives de ces indésirables « touristes », il fut construit, sur la même Côte de Grâce, un solide camp retranché, qui faisait partie d'un vaste système de défense appelé : *Castra-Constancia*, lequel fut, cependant, insuffisant pour sauver les rives de notre estuaire de Seine, du plus absolu des pillages... et d'invasions telles que nous pouvons tous, — sans rougir, — nous avouer descendants directs de ces pirates Northmans, fondateurs de notre race normande...

Mais comme rien, dans l'actuelle et paisible Côte de Grâce, toute de poésie et de calme, n'évoque l'idée de ce passé belliqueux, j'estime superflu de gâter le délicieux paysage présent par le souvenir d'un autrefois barbare, qui n'ajoute mie au charme pittoresque du quiet petit coin de Normandie que tant d'artistes, d'écrivains, de poètes, ont peint, décrit ou chanté !...

Dans sa notice historique sur Honfleur (1865), l'historien Claudius Lavergne n'a-t-il pas écrit lui-même, après avoir relaté maints récits guerriers à la gloire de la vaillante ville de Honfleur :

« ...Aujourd'hui, le sanctuaire de Grâce est l'unique forteresse qui protège la vieille cité. Paisible et hospitalière, elle ne menace plus ; elle attire, vers ses doux rivages, de nombreux voyageurs qui subissent le charme de cette atmosphère pieuse et sereine... »

Mais cet historien-là était un poète !

Nul poète, cependant, n'a su, mieux que le sensible écrivain honfleurais, Mme Lucie Delarue-Mardrus, dégager, en quelques phrases, toute l'intense et prenante impression de mysticisme qui s'exhale de ce coin à la fois charmant et grandiose, de ce coin qui la vit naître et qu'elle aime éperdûment.

Mieux vaut donc lui laisser le soin de nous « présenter » la Côte de Grâce et sa chapelle...

CAMY-RENOULT.

LA COTE DE GRACE DE HONFLEUR

...Dans l'air de la Côte de Grâce, on respire du merveilleux. C'est qu'il y a là l'estuaire aux sept couleurs : on le voit au fond d'un grand creux entre les branches foncées des beaux arbres; il y a les barques à voile sur l'estuaire, les soleils couchants, répétés au loin, à marée basse, dans la vase laquée, admirable de chez nous, la beauté toute proche de printemps blancs et roses, d'automnes royaux effeuillés, bouquet mort sur les gazons vallonnés que l'on parcourt; il y a tout cela parmi des nuages ronds et des azurs plats, des brumes et des pluies; et puis, au plus haut de la colline, il y a la chapelle à laquelle aboutissent des routes, séculaire, la chapelle des marins, une toute petite demeure encensée et précieuse, en face l'immense horizon amer.

Qu'on entre : et cet intérieur sombre et constellé dont les rangs de cierges font briller d'éclats d'or la Vierge et son Jésus, dont les petits vitraux pourraient bien être des sabords, cet intérieur où pendent des ex-voto disant la navigation, le naufrage, le miracle en mer, cet intérieur pieux, sacré, qui sent si bon la grand'messe, n'est pas beaucoup plus grand, après tout, que l'intérieur d'une barque pontée.

« On dirait la maison d'un ange... », ai-je songé parfois.

Cet ange passerait sans doute son temps, dans sa belle maison, à toucher de l'harmonium comme une dame, à chanter comme un enfant de chœur, les quatorze messes grégoriennes, à jouer avec les légers trois-mâts qui pendent des voûtes, ou bien avec les bouteilles où sont enfermés des petits bateaux, à regarder à travers les couleurs du vitrail, à manger du pain bénit, à boire l'eau du baptistère, à sonner la cloche...

Quand il sortirait par hasard sur le pas de sa porte, on verrait ses grandes ailes se dresser derrière lui, blanches sur fond noir et gonflées comme celles de nos mouettes orageuses...

Lucie DELARUE-MARDRUS.

(Extrait de la préface de *L'Ombre de la Chapelle*, par Camy-Renoult).

En regard de cette page, si vivante, si délicatement nuancée, la pauvre description que fit, du même site,

LA CHAPELLE ET SES ARBRES

Alphonse Karr, qui fut pendant quelques saisons l'hôte de Honfleur, paraît bien terne et assez plate.

Voici ce qu'en 1842, il écrivait, dans son roman : *Midi à quatorze heures* :

« ...*Lorsque, par un chemin sinueux et revenant plusieurs fois sur lui-même pour adoucir la pente, on est arrivé au sommet de la Côte de Grâce, on découvre une immense étendue de mer, et l'œil, au loin, à l'horizon, se perd dans la brume que semble, par moment, déchirer quelque navire aux voiles blanches, glissant sur l'eau comme un grand cygne; la plate-forme de la côte est tapissée d'une épaisse pelouse verte et toute couverte de grands arbres, sous lesquels est la Chapelle de Grâce...* »

Depuis lors, au « chemin sinueux », qui n'est autre que l'actuel raidillon du Mont-Joli, et qui servit pendant longtemps d'unique voie d'accès au plateau, a été adjointe, vers 1832, une belle avenue carrossable, ombragée d'une magnifique voûte de verdure, la Charrière de Grâce, qui permet, malgré ses 12 0/0, de gravir sans grand effort les quatre-vingt-dix mètres d'altitude, d'où la petite chapelle domine la mer.

Hormis quelques haletants « tacots » d'un autre âge, je ne sais pas, aujourd'hui, d'auto... digne de ce nom, qui n'escalade en troisième vitesse, les 500 mètres de cette rampe qui aboutit à Grâce, et, si le paysage y perd en pittoresque, il y gagne de nombreux visiteurs, car il n'est point de touriste qui, à notre époque, ne s'impose un crochet, pour connaître la Côte de Grâce, admirer son panorama unique, visiter sa curieuse chapelle... et la photographier !

Les artistes, qui sont, eux, gens moins pressés que les automobilistes, se contentent de la croquer ou de la peindre, et le modeste petit sanctuaire de Grâce figure, certes, sur un plus grand nombre de toiles, — et de toiles de maîtres, bien souvent, — que la plus somptueuse cathédrale du monde ! Il n'est guère d'expositions où l'on ne retrouve, plus ou moins « ressemblante », sa silhouette trapue, si caractérisée, dont les humbles proportions contrastent curieusement avec celles, imposantes, des arbres majestueux qui l'abritent sous leur haute voûte de verdure et l'encadrent somptueusement. Et pourtant, ce porche rustique, ce toit d'ardoises moussues, ce menu clocher tremblant, drôlement étagé, ne présentent aux yeux que des lignes sans noblesse ni beauté.

C'est la pauvre étable où naquit l'Enfant de Bethléem... et non le mirifique palais que la vanité des hommes se plut à ériger pour y célébrer son culte... Jésus était un humble et il eût aimé prêcher ses pareils dans cet humble logis, minuscule et sans faste, dans ce modeste temple.

Qui sent si bon la grand'messe

et dont la simplicité même impose le respect aux incroyants et l'admiration aux artistes.

La peinture et la gravure, — depuis Corot jusqu'aux plus ignorés des peintres, — ont suffisamment popularisé l'aspect extérieur de la petite chapelle de Grâce, pour me dispenser de vous infliger une description d'ordre architectural de ce petit « monument » de l'Art normand.

Je me permettrai seulement d'en souligner le caractère pittoresque, en reproduisant un court poème où furent croqués quelques-uns des détails de :

MA CHAPELLE

Sous son petit dôme normand,
Ma Chapelle est un brin rustique ;
Son style — en a-t-elle un vraîment ? —
N'est ni flamboyant ni gothique !

Son toit, enfoncé jusqu'aux yeux,
Lui donne, tout en demi-teintes,
Ce doux air candide et pieux
Que, sur les vitraux, ont les saintes.

Son clocher tremble un tantinet,
Lorsque sonne — à toute volée —
Sa cloche, malgré qu'elle n'ait
Qu'une voix discrète et fêlée.

Coiffé — tel une grand'maman, —
Sans recherche de l'esthétique,
D'un bonnet rond, tout simplement,
Son portail n'a rien d'artistique !

Les pauvres tout-petits bateaux
Dont ma Chapelle est décorée
Sont de plus touchants ex-votos
Qu'une riche offrande dorée.

Le cantique qu'on y entend
N'est pas de la « grande musique » ;
Mais il vaut, je crois, tout autant
Par sa belle ferveur mystique !

Des ormes, des chênes, des ifs,
Etendant leurs longs bras sur elle,
Elle a sa garde, ma Chapelle,
De bons vieux géants attentifs !

Car, si modeste qu'elle soit,
Ma Chapelle est Palais de Reine
Et c'est là, sous cet humble toit,
Que sourit Notre Souveraine !

Et l'incroyant sans foi ni lieu,
Devant Notre-Dame si belle,
Se sent si proche du Bon Dieu,
Qu'il croit et prie, en ma Chapelle !...

CAMY-RENOULT.

LA CHAPELLE

J'ajouterai que sa façade est ornée, au-dessus du portail, d'une jolie statue de la Vierge d'une grande pureté de lignes, et décorée, de chaque côté du clocher, de deux bas-reliefs : *L'Annonciation* et *La Présentation*, taillés dans la pierre, par le sculpteur honfleurais André Drouin, mort en 1850.

Puis j'emprunterai à Claudius Lavergne cette page colorée, qui décrit avec une charmante et exacte minutie l'intérieur du petit sanctuaire « où tout est pauvre et décent ».

...La voûte basse et les fenêtres obscurcies par l'épais feuillage des arbres environnants, laissent régner, à toute heure, un demi-jour mystérieux et voilé. Du côté de l'Evangile, à l'angle formé par l'entrée du chœur et le

transept Nord, la statue de la Sainte-Vierge est placée sur un pilastre tronqué. Un dais, dont l'étoffe taillée en baldaquin redescend de chaque côté, l'encadre comme une sorte de niche. Elle est revêtue d'un grand manteau de soie dont la partie antérieure s'entr'ouvre pour dégager l'Enfant-Jésus, porté (sur le bras gauche) par sa sainte Mère et paré, comme elle, d'une couronne d'or.

Aux pieds de Notre-Dame sont placées de petites ancres; des cœurs d'argent et de vermeil brillent sur le dais, et l'on voit, suspendus à la grille qui protège le soubassement, une quantité de petits bouquets de fleurs, humbles hommages des pauvres et des enfants. Les béquilles des infirmes guéris sont aussi là, comme les trophées victorieux de la prière, dont les cierges, allumés et sans cesse renouvelés auprès de la sainte image, attestent la persévérante ardeur.

...La sainte tradition des sauvetages miraculeux est inscrite sur toutes les murailles de la chapelle, qui est tapissée d'ex-voto, dont plusieurs ont plus de deux cents ans de date. Rien n'est plus expressif que ces pauvres petits bateaux battus par la tempête ou brisés sur les écueils, et au bas desquels on lit le récit abrégé des périls courus et du salut envoyé. C'est le laconisme du journal de bord et l'éloquence énergique du navigateur chrétien dont l'œil a mesuré le danger et constaté la puissance surhumaine du pilote qui l'a conjuré. Le nom du capitaine,

celui du navire sont apposés au bas du tableau, avec la date du fait et de l'offrande. Plusieurs de ces ex-voto remontent au commencement du règne de Louis XIV. En parcourant l'échelle des âges, on retrouve, sans se lasser d'admirer, la même conformité de sentiment dans la variété infinie des accidents maritimes.

A voir ainsi toutes ces épaves de l'Océan rangées avec ordre dans ce port de salut, on est porté à croire qu'elles ont dû y conserver toujours le calme et la sécurité d'un asile inviolable. Cependant, il n'en est rien. Un jour, Dieu a permis que le souffle de l'enfer soulevât dans les âmes perverties une de ces tempêtes qui mettent en péril tous les témoignages éclatants de la foi, alors même qu'ils ont reçu la triple consécration du malheur, de l'héroïsme et de la mort. Le flot sacrilège de 1793 est monté jusqu'au faîte de la Côte de Grâce; il s'est rué sur les ex-voto aussi bien que sur les reliquaires et le trésor des cathédrales et les tombes de saint Denys. Il a tout dispersé; mais, plus favorisés que les richesses de l'Eglise et les cendres royales, les pauvres petits navires des naufragés de Honfleur, conduits par les voies mystérieuses d'un second sauvetage, sont venus reprendre leur mouillage paisible dans le vieux sanctuaire. Ils sont là, comme auparavant, rangés sur les murs ou suspendus à la voûte et prouvent, par ce retour inespéré, l'authenticité et la permanence de l'intervention miraculeuse dont ils rendent deux fois témoignage...

LA CHAPELLE ACTUELLE

Malheureusement, depuis que furent écrites ces lignes, en 1865, l'aspect intérieur de la Chapelle de Grâce s'est quelque peu modifié, et la « pauvre » petite nef d'antan s'est enrichie d'ornements dont la somptuosité nuit à son caractère naïvement pittoresque. La grille, chargée de modestes présents qui protégeait jusqu'à mi-corps la statue de la Vierge, a été enlevée, ainsi que les petites ancres; et les béquilles des miraculés ont été reléguées dans un coin. Les petits bateaux, eux-mêmes, rescapés de la tourmente révolutionnaire, disparaissent un à un, pour faire place à de plus rutilantes offrandes.

De magnifiques vitraux modernes ont remplacé les rustiques verrières « à culs-de-bouteille » de jadis. Des lustres dorés pendent lourdement de la voûte; des chaises confortables s'alignent là où n'étaient, autrefois, que de robustes... et durs bancs de chêne; des bannières, magnifiquement brodées d'or étincelant, dorment aux murs; des candélabres ouvragés décorent l'autel, et la statue de Notre-Dame de Grâce, elle-même, la vieille statue de chêne massif d'une ligne si pure et si austère, la statue si simple et si belle de la Bonne-Vierge protectrice et amie des humbles, se pare à présent, aux jours de fêtes, tout comme une grande dame, d'un magnifique manteau de soie, et d'une lourde couronne d'or massif où scintillent mille diamants d'un prix inestimable et dont une reine serait jalouse !...

Et les modestes ex-voto mis là, depuis des siècles, par de rudes marins à l'âme candide et fervente, font un peu, parmi toutes ces richesses nouvelles, figures de parents pauvres...

Notre-Dame de Grâce est, pourtant, la Mère des marins, et dans sa chapelle, les marins sont un brin chez eux, car ces hommes qui vivent sans trêve en présence de la mort, entre cet Océan, tombe toujours ouverte, et le Ciel, où le calme et les tempêtes se succèdent, à l'ordre d'un commandement invisible et tout puissant, ont conservé la foi simple et naïve des tout petits enfants, et leur cœur fruste et intrépide est fidèle à l'Etoile de la Mer, comme l'est au pôle l'aiguille de leur boussole...

Outre la *Fête annuelle des Marins*, qui se célèbre à chaque lundi de Pentecôte, à la chapelle, pavoisée comme un bateau, une touchante coutume honfleuraise témoigne de cet attachement des marins à leur « Bonne-Vierge ».

Depuis fort longtemps, il est d'usage, chez les pêcheurs de Honfleur, de gravir la Côte de Grâce, dans la soirée du 31 décembre. Et, à la minute précise où tinte au clocher le premier coup de minuit, chacun s'agenouille devant le portail et entonne un cantique à la gloire de la Vierge.

Depuis peu, — restaurant une vieille coutume qui voulait que, cette nuit-là, une messe fût dite à minuit, à Grâce, — le chapelain ouvre les portes du sanctuaire. Et je ne sais rien de plus touchant que ce geste « affectueux » des matelots, qui ont à cœur d'apporter à leur Dame de Grâce, leurs premiers souhaits de l'année qui commence.

Les récits ingénus et brefs, qui sont conservés dans les archives et relatent les sauvetages miraculeusement obtenus à la suite de vœux faits par des navigateurs, suffiraient à justifier cette fidélité.

Concises et dénuées de toute littérature, ces pages sont trop émouvantes et présentent un trop précieux intérêt documentaire, pour que je néglige d'en reproduire au moins quelques passages, tirés du manuscrit de l'ancien livre du couvent des Capucins, desservants de la chapelle à l'époque.

Les voici, dans toute leur éloquence :

Charles Génois fut surpris d'une tempeste épouvantable en revenant des Terres-Neufves, en 1644. Son mât fut emporté et son navire par deux fois submergé. Ranimant le courage de son équipage, il se recommanda à Dieu par l'intercession de Notre-Dame de Grâce, et les vents tombèrent aussitôt et la mer devint calme. Il arriva heureusement à Honfleur. L'équipage donna un cierge de cire blanche pesant six livres, avec quatre écus pour l'ornement de la chapelle.

En 1655, Samson Tuné, en revenant des Isles, fut surpris par une violente tempête qui l'enveloppa dans les ténèbres. Le navire s'ouvrit et l'équipage perdit l'espoir de se sauver. Alors il eut recours à Notre-Dame de Grâce, et, protestants et catholiques, tous firent le même vœu. Aussitôt, dit Tuné dans son rapport, « le vent tomba, la mer se calma et le navire se referma. »

En signe de reconnaissance, les marins offrirent une lampe d'argent à la chapelle.

En 1660, Jean Liébard, d'Honfleur, commandant le Saint-François, *revenait d'Amsterdam. En rade de Texel, un coup de vent terrible l'obligea à couper sa mâture. Ses câbles cassèrent; il toucha deux fois et perdit son gouvernail. Les matelots avaient de l'eau à la ceinture et Liébard avait vu dix-sept navires se perdre sous ses yeux. Il se recommanda à Notre-Dame de Grâce et fut sauvé.*

Cette nuit-là avait été fatale à deux cent soixante-dix bâtiments et à dix mille hommes.

La même année, une gribane battue par la tempête, fut chavirée la quille en l'air, et son équipage, dispersé dans la mer, invoqua la Vierge. Une vague redressa le bateau, où chacun put reprendre place. Tous furent sauvés.

Le 8 septembre 1665, c'est le navire de Guillaume Morin qui échappe à un danger terrible.

Le 6 octobre, c'est le *Mercœur*, vaisseau de guerre commandé par le capitaine Turelle, et en 1679, le capitaine Crété, et son terre-neuvier, qui sont miraculeusement sauvés.

Dans les années qui suivirent, le *Saint-Pierre*, capitaine Berranger, et le bateau du capitaine Potel, ne durent le salut, si l'on en croit le certificat dressé et signé par eux et leurs hommes, qu'à la Bonne Dame de Grâce.

D'ailleurs les inscriptions relevées sur des ex-voto de la chapelle sont aussi éloquentes dans leur brièveté. En voici quelques-unes :

> *Vœu fait par le capitaine Bellet et son équipage, sur le navire* Le Saint-André, *le 11 avril 1754.*
>
> *Vœu fait par le capitaine François Fortin fils, de Honfleur, et son équipage, le 21 septembre 1768.*
>
> *Vœu fait par le capitaine Loisel et son équipage, commandant le navire* L'Union, *de Honfleur, borné par la terre et les rochers, dans une grande tempête, le 20 octobre 1768, sous les Iles Lucayes ou de Bahama, latitude Nord 270, méridien de Paris, partant de Port-au-Prince.*
>
> *Vœu fait à bord du* Vigilant, *de Honfleur, par Lecesne et le capitaine Bauduin, dans les bancs de Texel, le 19 août 1844, allant à Amsterdam.*

Et il y en a des centaines comme cela !

NOTRE-DAME DE GRACE.

NOTRE-DAME DE GRACE, ÉTOILE DE LA MER.

Image populaire de Moutier

D'ailleurs, la chapelle elle-même ne doit sa fondation qu'à un vœu fait en mer, au cours d'une tempête, par un puissant duc de Normandie en péril de mort.

Mais, comme dit Kipling, ça, c'est une autre histoire !

Je vais essayer de vous la raconter.

LE PREMIER SANCTUAIRE

SA FONDATION

Si l'on en croit les quelques lignes gravées sur le marbre d'une plaque apposée à l'entrée de la chapelle, par les soins de la Société *Le Vieux Honfleur*, cette chapelle fut construite, au début du XVIIe siècle, sur un terrain offert par Mme de Montpensier, pour remplacer celle qu'avait fondée, en 1023, Richard II, duc de Normandie, et qui était disparue, le 29 septembre 1538, dans un éboulement de la falaise.

L'une des inscriptions figurant sur les vitraux où sont relatées les phases principales de l'histoire du petit monument, est plus prudente et dit seulement : « ... *Un duc de Normandie* » (1).

---

(1) L'histoire de la Chapelle de Grâce se trouve résumée dans les inscriptions que portent les quatre vitraux modernes décorant les fenêtres latérales de la nef et qui furent exécutés d'après les croquis dus à M. Camy-Renoult, auteur de cette *Notice* :

Comment, au XIe siècle, un Duc de Normandie fit vœu,

Cette sage imprécision s'explique du fait que la tradition rapporte que c'est en réalité Robert le Diable, et non point Richard II, qui fit élever la première chapelle de Grâce. Il était malaisé de faire figurer, dans ce saint lieu, le surnom, — peu catholique, — de *Diable*, dont était affligé Robert le Magnifique... et l'on s'abstint de préciser.

On eut sans doute tort, car, comme l'a fort spirituellement fait observer Mgr Touchet, évêque d'Orléans, dans son beau discours prononcé aux fêtes du Couronnement, en juin 1913, un diable qui fonde des chapelles, ne saurait être un bien mauvais diable...

Voici en quels termes éloquents ce prélat rappela l'historique de la chapelle :

...Ici donc, Messieurs, pour commencer par le commencement, le sixième de nos ducs posa en ex-voto la

---

s'il échappait au naufrage, d'élever un sanctuaire à la Sainte-Vierge.

Comment, au péril de leur vie, les pèlerins venaient prier au pied des ruines de l'ancienne chapelle disparue dans un éboulement de la côte.

(1534).

Comment les R. R. P. P. Capucins prirent possession de la nouvelle chapelle, qu'ils desservirent jusqu'à la grande Révolution.

(1621).

Comment, sous l'épiscopat de Mgr Lemonnier, évêque de Bayeux et Lisieux, la statue de Notre-Dame de Grâce fut solennellement couronnée au nom de S. S. le Pape Pie X.

(1913).

première pierre d'une église dédiée à la Vierge. Cette église, du reste, est depuis longtemps détruite.

Ce n'est pas qu'il ne fût que dévot, Robert Ier. Ni désintéressé, ni naïf; batailleur contre tout venant, frères, vassaux, égaux, suzerain, il malmena jusqu'à votre prédécesseur, Mgr l'Archevêque de Rouen, Robert, son oncle, et aussi le vôtre, Mgr l'Evêque de Bayeux, Hugues d'Yvry. Bien plus, son frère aîné, Richard, mourut si subitement et si à propos pour lui, que des langues, méchantes sans doute, prirent texte de l'événement pour l'accuser de fratricide. Bref, il arrangea lui-même et les autres de telle façon qu'il finit par conquérir un surnom dont le synonyme n'est pas : imbécile; mais assurément : méchant, tant qu'on voudra !... On l'appela : le Diable, Robert le Diable. Tout diable qu'il fût, ou justement parce qu'il était diable (saint Jacques nous ayant appris que le démon connaît parfaitement l'épouvante), Robert était accessible à l'effroi.

Or, une nuit qu'il naviguait, non pas, croirai-je, contre Canut, roi d'Angleterre, mais contre Alain de Bretagne (voir Depping, Histoire de la Normandie*), sa flotte fut assaillie par une violente tempête. Le « Diable » eut peur. Entre deux éclairs, sur le dos de la lame qui hurlait à la mort, il se mit à genoux et voua d'élever une église à Marie si elle le tirait de là, sain et sauf, lui et ses gens. Le coup de vent qui aurait pu le jeter sur les rochers des*

Minquiers ou des Chaussey, le poussa dans la baie de Saint-Michel. C'était plus qu'il n'en avait demandé. Il tint parole à la Vierge gracieuse. Et il vint asseoir, sur cette rive de la Seine, le temple qu'il avait promis. C'était un homme de coup d'œil et de goût...

Je sais que d'éminents historiens, comme Charles Bréard, ont paru opter pour l'opinion que c'était à Richard II et non à Robert le Diable que l'on devait attribuer la fondation de la chapelle. La piété de ce duc, et ses largesses à l'endroit des religieux justifieraient cette version.

En tant que poète... et puisque l'imprécision demeure entière sur ce point, je préfère me ranger à l'avis de Depping, et croire, avec lui, à la légende charmante du bon Diable de Robert fondant des églises, et se préparant ainsi à aller pieusement mourir en Terre-Sainte, en revenant d'un pèlerinage au tombeau du Christ.

Ce serait donc alors vers 1034 que ce duc normand, le deuxième, fonda la Chapelle de Grâce.

La légende affirme que ce prince avait fait le vœu d'élever « trois chapelles » sur les rivages de la mer. Il fut sauvé et tint sa promesse en faisant construire la première à Harfleur, consacrée à Notre-Dame de la Pitié; la seconde auprès de Caen, qui fut Notre-Dame de la Délivrande, et la dernière sur le plateau qui domine Honfleur : Notre-Dame de Grâce.

Le premier document authentique qui se rapporte à celle-ci, date du 28 janvier 1478. Ce sont des lettres patentes par lesquelles le roi Louis XI, — qui mettait son nez partout, — faisait don de cette chapelle à la Collégiale de Cléry.

Toutefois, on l'a vu, la chapelle actuelle n'est pas celle qui fut bâtie par le duc Robert.

Le 29 septembre 1538, en effet, un violent tremblement de terre fit écrouler la partie de falaise sur laquelle se dressait le petit temple, qui disparut dans l'éboulement, — car il était construit beaucoup plus près de la mer.

Seuls, un pan de mur supportant une statue de la Vierge et un autel restèrent debout.

Mais la dévotion à Notre-Dame de Grâce était telle que de nombreux pélerins continuèrent à venir, — au péril de leur vie, — prier auprès de ces ruines que de nouveaux éboulements désagrégeaient chaque jour davantage.

On dut, en 1602, par mesure de prudence, démolir ces derniers et tremblants vestiges de l'ancienne chapelle.

LA CHAPELLE ACTUELLE

SON HISTOIRE

Mais les Honfleurais aimaient trop « leur chapelle » pour ne point déplorer sa disparition. Aussi, dès 1606, un sieur Gonnier, employé au Grenier à sel de Honfleur, décida-t-il d'entreprendre la construction d'un nouveau sanctuaire, dont il jeta résolument les premières fondations, à environ cent pas au Sud-Ouest de la première. Faute d'argent et d'aide, le brave homme dut s'en tenir à ces travaux préliminaires.

Toutefois, comme il tenait à son idée, il s'en ouvrit, quelques années plus tard, à M. de Fontenay, intendant des biens de Mme de Montpensier, dame de Honfleur et comtesse de Roncheville, qui était propriétaire du terrain sur lequel Gonnier avait jeté lesdites fondations.

M. de Fontenay ayant obtenu d'elle le don d'un acre de terrain et la permission de choisir, en outre, huit chênes dans la forêt de Touques, pour en tirer la charpente de l'édifice, M. Gonnier se remit à l'œuvre, avec l'aide des habitants de Honfleur, qui apportèrent chacun son offrande.

Et, en moins d'une année, la chapelle s'éleva.

On était en 1613. Ce n'était encore, il faut l'avouer, qu'un pauvre petit bâtiment rectangulaire, couvert en chaume et isolé parmi les bruyères, qui ressemblait à une grange davantage qu'à un sanctuaire !

Malgré sa pauvreté, les chanoines de Cléry revendiquèrent alors leurs anciens droits sur la chapelle, en invoquant la parole de Louis XI.

Mais le Parlement de Normandie, ayant reconnu que le nouveau sanctuaire n'était pas bâti sur le terrain à eux concédé autrefois, les débouta de leur demande.

C'est alors que les Capucins vinrent s'établir à Honfleur, sur l'invitation du gouverneur Etienne de la Roque.

Sur l'intercession de M. de Fontenay, ces religieux reçurent de Mlle de Montpensier, outre la chapelle, les terrains avoisinants, qui forment aujourd'hui le plateau. Ce don leur fut fait par lettres patentes en date du 16 octobre 1620.

Le 16 mars suivant, ils furent installés dans leur nouveau domaine, par M. l'abbé Durant Le Saulnier, député par l'évêque de Lisieux, et, en signe de prise de possession de la chapelle, ils plantèrent une croix de bois au bord de la falaise, sur l'emplacement de la chapelle disparue, à l'endroit où se trouvait l'autel, c'est-à-dire à quelques pas en arrière du calvaire actuel.

L'un des vitraux de la chapelle rappelle cette circonstance.

Entre temps, on avait édifié le petit clocher de bois qui existe encore et donne à la Chapelle de Grâce son caractère si personnel et si pittoresque.

Par les soins des pères Capucins, le plateau, alors inculte et sauvage, fut défriché et Mme l'abbesse de Montivilliers fit, en 1630, les frais des ormes que le père Michel-Ange y planta... et qui font encore l'admiration des touristes et des peintres. L'un d'eux servit au vieux maître français, comme « motif » d'une de ses toiles célèbres.

Ce sont ces ormes qui, aux jours de grande affluence des pèlerins, abritent les foules venues à Grâce, et que le petit sanctuaire est insuffisant à contenir. Ils forment une voûte majestueuse à l'autel que l'on dresse alors en plein air.

Après la mort, survenue à Honfleur, en 1640, de M. de Fontenay, qui avait construit, et pour ainsi dire administré la chapelle, pendant près de quarante ans, les Capucins supprimèrent les quêtes qu'ils faisaient pour subvenir aux besoins du culte, et qui étaient contraires aux règles de leur ordre.

Mais leur dévouement et leur courage, au cours des deux épidémies de peste qui ravagèrent Honfleur en 1636 et 1649, leur conquirent tant de sympathies parmi la population, que chacun s'empressa de fournir de linge, de luminaire, d'ornements, le petit sanctuaire.

Les miracles, guérisons, sauvetages, obtenus par la Vierge de Grâce, avaient, d'ailleurs, acquis depuis longtemps un tel retentissement que, de toutes parts, les dons affluaient et que, des plus puissants seigneurs aux plus humbles marins, tous se disputaient le soin d'offrir aux Capucins ce qui était nécessaire au culte.

Les Honfleurais firent tant et si bien que Notre-Dame de Grâce ne tarda point à devenir l'une des chapelles les mieux fournies en argenterie et en ornements.

D'autre part, en 1651, un M. de Meautry donna 1.500 livres pour construire la chapelle latérale Sud; et, l'année suivante, le marquis de Fatouville d'Hébertot fournit une même somme pour édifier l'aile du côté Nord. Ces deux constructions donnèrent à l'édifice la forme d'une croix qu'on lui voit aujourd'hui.

Le chœur fut ensuite ajouté, grâce aux oboles des fidèles.

En 1625, M. de Villars, en reconnaissance de la guérison de son fils, avait fait remplacer le toit de chaume

LA COTE DE GRACE

d'après un Tableau de Français.

par de l'ardoise; puis M. d'Herbigny, seigneur du Mont-Saint-Jean, avait donné 400 livres tournois, pour que l'on fît garnir de plomb les trois faîtes du monument, et qu'on l'entourât de murs.

Ce faîtage de plomb fut d'ailleurs dérobé, en 1708, par une bande d'audacieux fripons, qui pillèrent, par surcroît, la chapelle, de fond en comble... c'est le mot !

Mais sans doute, la police honfleuraise de ce temps-là manquait-elle de fins limiers... car, malgré le poids respectable de leur encombrant larcin, ces malandrins ne furent jamais découverts... et ils courraient encore... s'ils n'étaient morts, comme il y a tout lieu de le supposer.

Ils omirent, toutefois, — étant peut-être déjà suffisamment chargés, — d'emporter la cloche qui, baptisée en 1656, avait eu pour parrains M. de Cérillac, lieutenant du Roy, et Mlle de Saint-Julien.

Il est vrai que les révolutionnaires de 1793 se chargèrent de réparer cette omission des voleurs.

C'est vers 1630 que le père Constance, ingénieur distingué, que le Gouvernement avait chargé de l'installation des eaux dans la citadelle du Havre, fit entourer la chapelle d'un pavage destiné à combattre l'humidité, — pavage qui existe encore, ainsi que la citerne, creusée, elle aussi, par ses soins.

Dans le même temps, on construisit le jubé qui surmonte la porte d'entrée principale. M. de Saint-Georges donna l'arbre qui le soutient.

Sur certaines gravures anciennes, on peut remarquer que ce portail, qui présente actuellement une amusante silhouette pansue s'harmonisant avec celle du clocher à dômes étagés, avait, primitivement, la forme pointue d'un cône tronqué, et était couvert en chaume.

C'est aussi aux environs de la même époque que la chapelle fut pavée « en pierre de Boulogne imitant le marbre », ouvrage qui « coûta 480 livres », disent les documents auxquels sont empruntés ces détails d'embellissement.

PERSÉCUTIONS

Ces mêmes documents nous apprennent, en outre, qu'en 1686, Mlle Marie-Anne-Louise d'Orléans offrit le terrain situé derrière la chapelle, et sur lequel on édifia, plus tard, le presbytère actuellement existant. Celui-ci a remplacé un petit logement sans étage qui était situé à la droite du portail d'entrée, vers l'emplacement occupé aujourd'hui par le disgracieux escalier accédant aux tribunes, et que l'on vient de se décider à remplacer par une construction plus harmonieuse, due pour les plans à M. G. Ruel.

Ce petit logement avait été construit en 1660, par les

Capucins, qui étaient contraints, précédemment, de redescendre coucher, après leur service de desservants, en leur maison de Honfleur.

Mais les infortunés religieux ne connurent guère la quiétude, dans cette humble retraite, car ils y furent constamment en butte aux tracasseries des prétendus propriétaires des terrains occupés par leur chapelle, leur logis ou leur jardin, et ils eurent à subir maints procès contre des voisins grincheux... ou jaloux.

Il ne fallut rien moins qu'un arrêt du Parlement de Normandie, pour leur confirmer, en 1664, la légitime possession d'une donation, à eux faite, cependant, en bonne et due forme... et par une princesse.

Mais leurs ennemis ne s'avouèrent pas vaincus et se vengèrent des pauvres moines en arrachant et en jetant à la falaise, dans la nuit du 15 avril 1672, la croix de bois plantée par eux lors de leur installation.

Trois fois replacée, la croix fut trois fois arrachée « et le 20 du même mois, on la brisa, ainsi qu'une image de la Vierge qui y était attachée, et on en jeta les morceaux dans des lieux immondes ».

Les coupables ne furent jamais découverts.

La police honfleuraise laissait, décidément, quelque peu à désirer !

Par bonheur, un M. Thierry fit don aux Capucins d'une autre croix, — en pierre, celle-là, — qui fut placée plus près de la chapelle, à l'endroit où l'on voit maintenant s'élever le calvaire érigé, en 1873, par Mgr Hugonin, évêque de Bayeux et Lisieux.

C'est au pied de cette croix de pierre que vint se prosterner, avant d'entrer dans la chapelle, Mgr de Belzunce, évêque de Marseille, lorsqu'il accomplit, en 1723 son pèlerinage à Honfleur, à la suite d'un vœu qu'il avait fait à Notre-Dame de Grâce, pendant l'épidémie de peste qui désola Marseille.

Le récit de cette visite, consigné dans les archives de la ville de Honfleur et dans celles de la chapelle, par les Capucins qui reçurent le prélat, nous montre l'illustre évêque gravissant, pieds nus et le crucifix à la main, la sente abrupte et caillouteuse du Mont-Joli, qui était alors l'unique chemin d'accès à la Côte de Grâce.

...Le chemin est impraticable; les pieds de ce bon pasteur sont écorchés et pleins de sang...

Et lorsque, à l'entrée de la chapelle, le père-gardien des Capucins qui desservait le pèlerinage voulut l'encenser, il prit l'encensoir des mains du père et encensa l'image de Marie en disant : *Sancta Maria !...*

Mais il me faut revenir aux persécutions dont furent victimes les bons pères Capucins.

En 1750, l'abbé Bazin, curé d'Equemauville, — commune sur le territoire de laquelle se trouve la Côte de Grâce, — entreprit de faire enlever de la Chapelle de

LA COTE DE GRACE VERS 1850

Grâce le Saint-Sacrement qui y repose perpétuellement et d'empêcher d'y dire une messe à dix heures, les dimanches et fêtes, ainsi que d'y faire l'eau bénite et d'y enterrer sans sa permission.

Heureusement que Mgr de Brancas, évêque de Lisieux, ayant été avisé de ces faits, engagea le brave curé à... vivre en paix avec ses voisins les Capucins, ce qu'il fit d'ailleurs par la suite.

Mais les tribulations des dignes pères n'étaient point terminées et malgré l'estime et la confiance que leur témoignaient les Honfleurais, ils n'étaient, décidément, pas voués à la quiétude.

En 1790, en dépit d'une pétition des habitants de Honfleur, à l'Assemblée Nationale, on voulut faire prêter aux Capucins le serment politique. Ils s'y refusèrent. Et lorsqu'en mai 1791, Fauchet, l'évêque constitutionnel du Calvados, vint faire sa première visite à Honfleur, les pères refusèrent de le recevoir. Ce fut le signal de leur disgrâce et de leur dispersion.

Ils se retirèrent à Lisieux et quittèrent la chapelle, qui fut déclarée propriété nationale.

C'est alors que M. Cachin, maire de Honfleur, forma le projet de sauver la petite chapelle de la profanation et de conserver aux Honfleurais, comme promenade publique, le terrain planté d'arbres qui l'entourait.

S'étant adjoint plusieurs notables de la ville, ce brave

magistrat municipal se démena tant et si bien qu'il parvint à réunir, par voie de souscription, la somme, — énorme pour l'époque, dans une si petite ville, — de 3.525 livres.

Grâce à cette somme, recueillie sou à sou, la chapelle fut achetée et offerte à la Ville de Honfleur, qui en confia la garde au père Victor, capucin.

Cependant, deux ans plus tard, les vandales de 1793 envahirent un jour la chapelle, la pillèrent et revinrent en ville chargés des ornements et déguisés des vêtements sacerdotaux.

Et le paisible petit sanctuaire profané fut transformé en taverne... Les orgies les plus crapuleuses s'y déroulèrent et « ceux qui venaient naguère y demander des grâces, s'oublièrent jusqu'à commettre des orgies dans un lieu où tout, jusqu'aux murailles, leur reprochait leur apostasie... », écrivit, dans sa curieuse *Notice*, l'abbé Vastel, qui fut le meilleur historiographe de la Chapelle de Grâce.

APRÈS L'ORAGE...

Mais la vieille petite chapelle devait sortir victorieuse et intacte de ce nouvel et pénible assaut du sort.

De taverne, elle devint grange. De grange, elle redevint chapelle, en 1802. Et les Honfleurais, assagis, — et repentants, — la rendirent au culte.

Toutefois, comme, — hors l'un des autels oublié par les vandales, — rien ne restait de ses richesses d'antan, ni de son mobilier, le digne abbé Berthelot, qui en fut le premier chapelain, eut fort à faire pour rendre au sanctuaire dépouillé son aspect primitif.

Il s'y employa avec zèle..., avec tant de zèle même, qu'il en vint à contracter, pour restaurer sa chapelle... près de 17.000 francs de dettes !

Les Honfleurais tinrent à honneur d'acquitter ce découvert.

Sans doute se sentaient-ils un brin responsables des déprédations que leurs pères avaient commises au préjudice de la *Bonne-Vierge*...

Petit à petit, et après avoir été desservie pendant quatre ans par l'abbé Fossé, la Chapelle de Grâce retrouva son ancienne prospérité, grâce à l'abbé Vastel, qui y exerça avec un dévouement inouï, de 1822 à 1839, les fonctions de chapelain, et publia, comme je l'ai dit, sur ce pèlerinage, une notice historique fort documentée, et qui fournit de précieux renseignements, non seulement sur les grâces, guérisons et sauvetages obtenus par l'intercession de Notre-Dame de Grâce, mais aussi sur l'évolution des esprits de la foule et du populaire, entre 1820 et 1830. Car cet étonnant abbé, — qui avait été tour à tour : prédicateur, ouvrier, homme de loi, précepteur puis soldat, officier et directeur d'institution en Pologne, — était, par-dessus le marché, un fin psychologue, un profond philosophe, un lettré fort érudit et un observateur impitoyable..., ce qui ne l'empêchait pas d'être aussi un saint homme !

C'est lui qui fonda, en 1804, le Collège de Honfleur, jadis si réputé. Aussi fut-il unanimement regretté des Honfleurais, lorsqu'il décéda, en 1839, après avoir largement contribué à ramener à la chapelle qu'il desservait les pèlerins et les visiteurs, en y rétablissant les cérémonies et pèlerinages dont la coutume s'était perdue dans la tourmente révolutionnaire.

Depuis, la petite Chapelle de Grâce n'a plus cessé de prospérer. Des dons multiples et généreux lui ont, peu à peu, restitué sa splendeur passée. Et elle s'enrichit, chaque jour encore, d'offrandes nouvelles et somptueuses, qui permettent au chapelain actuel d'y apporter sans cesse des « embellissements... » que regrettent un peu les amoureux fervents du pittoresque. Une grille richement ouvrée a remplacé la simple balustrade du chœur; de rutilants vitraux modernes ornent à présent les fenêtres; un orgue vient de remplacer le timide harmonium d'autrefois... et ce n'est pas fini.

LE COURONNEMENT

Enfin, et comme suprême hommage rendu à l'humble Vierge des Marins, par un bref en date du 15 février 1912, le Chapitre de Saint-Pierre de Rome à décerné à la statue de Notre-Dame de Grâce la Couronne d'Or.

Et, le 19 juin 1913, en présence de Mgr Fuzet, archevêque de Rouen, primat de Normandie, de dix évêques et prélats, de plus de cent dignitaires des diocèses de Bayeux, Evreux, Rouen, etc., de six cents prêtres, et d'une foule qui fut évaluée à 30.000 personnes accourues de partout, eut lieu la magnifique et inoubliable cérémonie du Couronnement.

Cette solennité donna lieu à des fêtes d'un éclat incomparable, auxquelles tout Honfleur eut à cœur de s'associer.

Et pendant plusieurs jours, on vit chaque Honfleurais, du plus humble au plus riche, du plus croyant au moins « catholique », s'employer de tout son cœur à décorer sa maison, sa rue ou son quartier... Il n'y avait pas, dans la ville de Pierre Berthelot, une seule fenêtre qui n'eût reçu sa décoration coquette de guirlandes, de drapeaux, de fleurs, d'attributs religieux ou maritimes..., pas une seule rue qui n'eût son ou ses arcs de triomphe ! La ville entière était parée, transfigurée, et jamais, dans les annales d'une cité, on n'enregistra un tel déploiement de décorations, ni, surtout, un enthousiasme aussi unanime, aussi complet !..

Jamais, non plus, Honfleur n'avait vu un pareil flot humain déferler sur ses quais, au port et à la gare. Neuf bateaux bondés de voyageurs venus du Havre, un bateau venu de Caen, plus de six cents voitures, de multiples automobiles, de nombreux trains spéciaux se succédant toute la matinée, déversèrent, dans les rues pavoisées et fleuries, des milliers et des milliers de visiteurs. Tous les chantiers et usines avaient donné congé à leur ouvriers. C'était jour férié pour tout le monde !

Honfleur avait, au cours de sa glorieuse histoire, reçu et fêté bien des monarques. Aucun ne fut l'objet d'une manifestation populaire comparable à celle que fit, à sa gracieuse Souveraine, le peuple de Normandie, le 19 juin 1913...

Et pas un cri discordant, pas un geste maladroit, pas une ombre de désapprobation, ne vint troubler cette fête unique et grandiose, de tous les cœurs unis dans un même enthousiasme, dans un même recueillement !...

L'un des vitraux de la chapelle commémore cette imposante cérémonie qui se déroula dans un tel calme des esprits que, malgré l'affluence énorme des visiteurs, quatre agents de police... et leur brigadier suffirent à assurer, — et tout platoniquement d'ailleurs, — le service d'ordre.

Quant aux couronnes, déposées sur les têtes de Notre-Dame de Grâce et de son Enfant-Jésus, elles sont de purs chefs-d'œuvre d'orfèvrerie, composés avec un art parfait par l'orfèvre Mellerio, des nombreux bijoux offerts par de généreux donateurs.

Celle de la Vierge, surmontée d'une étoile à six branches faite de brillants et diamants, comporte un bandeau d'or massif ciselé, portant, outre les dates : 1034-1913, et l'inscription : *Ave Maria gracia plena*, les armoiries du pape Pie X.

Celle de son fils, décorée de lys et d'épis de blé, ciselés et rehaussés de pierres précieuses, porte l'inscription : *Benedictus fructus ventris tui* et les blasons accolés de Mgr Lemonnier, évêque de Bayeux et Lisieux, et de la Ville de Honfleur.

Ces deux œuvres d'art, dont la valeur est inestimable, puisqu'elles furent constituées de l'or et des pierreries pro-

LA CHAPELLE
après la construction du nouvel escalier (Projet G. Ruel).

venant de précieux bijoux de famille, dorment, en temps ordinaire, dans les coffres d'une banque.

Aux jours de fêtes, seulement, on en pare Notre-Dame et son Enfant.

LES HOTES DE LA CHAPELLE

Mais les visiteurs de choix que reçut Notre-Dame de Grâce le jour de son couronnement, ne furent point les seuls personnages illustres qui vinrent à travers les siècles se prosterner à ses pieds.

Dès 1624, en effet, on relève, sur les registres de la chapelle, la visite de Mgr Alleaume, évêque de Lisieux, venu en pèlerinage avec son Chapitre, pour *accomplir un vœu fait par lui lors d'une épidémie qui ravagea sa ville.*

En 1708, Mgr d'Aubigné, archevêque de Rouen, accompagné des évêques de Bayeux, Evreux, Séez et Lisieux, se rendit processionnellement à Grâce, à plusieurs reprises, au cours du séjour qu'il fit à Honfleur, pour y présider un Synode tenu en cette ville cette année-là.

En 1723, ce fut le pèlerinage, relaté d'autre part, de Mgr de Belzunce.

Puis, une partie des archives ayant été détruites en 1793, on ne retrouve plus de trace officielle du passage de personnalités marquantes, qu'à partir du 28 octobre 1802, date de la visite que fit à Honfleur et à sa chapelle, Bonaparte, Premier Consul.

En 1817, le cardinal de Cambacérès, archevêque de Rouen, y vint incognito, comme devaient y venir, ignorés, beaucoup d'autres hommes célèbres, par la suite.

La visite du duc d'Angoulême date de la même année.

En juillet 1824, ce fut la duchesse de Berry qui gravit, à pied, la Côte, pour venir prier la Vierge de Grâce, et, en 1829, ce fut la duchesse d'Angoulême.

En 1835, Mgr de Quèlen, archevêque de Paris, vint célébrer la messe dans la modeste petite chapelle.

En 1848, le roi Louis-Philippe et la reine Marie-Amélie, — en fuite vers l'exil en Angleterre, — passaient la nuit qui précéda leur embarquement dans un modeste pavillon situé en bordure du chemin du Mont-Joli. Ce pavillon, qui appartient maintenant, — coïncidence étrange, — au prince Czartorysky, descendant de Louis-Philippe, porte, apposée sur sa façade, une plaque qui rappelle ce court séjour du royal fugitif sur la Côte de Grâce.

Claudius Lavergne rapporte, dans sa *Notice*, ce fait, qui se rattache à la fuite du roi des Français détrôné :

Dans une froide matinée de février 1848, alors que les vents d'hiver ébranlaient les arbres et gémissaient autour de la petite chapelle, une femme pauvrement vêtue, belle encore, quoique au déclin de l'âge, vint s'agenouiller aux pieds de Notre-Dame de Grâce. Elle entendit la messe, communia, et quitta l'église après une longue prière. Personne ne l'avait remarquée à cette heure matinale, et l'eût-on fait, qui se serait étonné de voir, à la chapelle, les yeux fatigués de larmes, une femme, une mère aux cheveux blancs ?

Jamais pourtant pareilles douleurs n'étaient venues là chercher refuge et consolation. De ce front qui s'inclinait, venait de tomber une couronne. Marie-Amélie fugitive ignorait le sort de ses enfants, abandonnait des tombes chéries, et prête à s'éloigner à jamais de ce beau royaume où elle avait semé tant de bienfaits et répandu tant de fleurs, elle était venue confier à la Mère des Douleurs, ses dernières espérances.

Celui qui, la veille encore, était roi, l'attendait près de là, caché dans la maison d'un ami. S'il fût venu, instruit par l'adversité, s'agenouiller auprès de la reine, s'il eût prié comme elle, l'âme toute chrétienne de Marie-Amélie eût tressailli de joie, et le Te Deum eût jailli de son cœur à demi-brisé. Mais il ne vint pas à la chapelle, et le soir même, les deux époux prirent ensemble la route de l'exil, lui, courbant la tête et subissant la peine du talion; elle, partageant l'expiation, abreuvée de douleur, mais les yeux fixés vers l'éternelle Patrie !...

En 1852, Mgr Grant, évêque de Southwark passa par Notre-Dame de Grâce, au retour d'un pèlerinage à la Délivrande, et, en 1855, Mgr Samhiri, patriarche d'Antioche des Syriens, y vint célébrer la messe, de même que, deux ans plus tard, un enfant de Honfleur, devenu évêque des Antilles anglaises : Mgr Vesque.

Puis ce furent, tour à tour : Mgr Verrolles, évêque de Colomby; le cardinal Mathieu, archevêque de Besançon; Mgr de Marguerye, évêque de Saint-Flour; Mgr du Châtellier, Mgr Ollivier, Mgr du Vaucoux, Mgr Bégin, autre fils de Honfleur, devenu cardinal à Québec, et aussi tous les prélats qui se succédèrent aux évêchés de Normandie qui, tous, firent, — et font encore, — de fréquents pèlerinages à la Chapelle de Grâce. Mgr le cardinal Amette aimait particulièrement le petit sanctuaire rustique et lui rendit souvent visite, alors qu'il était évêque du diocèse de Bayeux. Son vénérable successeur, Mgr Lemonnier, qui est descendant d'une famille de marins, vient, lui aussi, s'agenouiller fréquemment aux pieds de la Bonne Madone, Notre-Dame de Grâce.

Qui veille, de là-haut, sur notre vieux Honfleur !
ainsi que l'a chanté le poète normand Jacques Hébertot, devenu directeur de l'un des plus parisiens des théâtres de Paris.

EN MANIÈRE DE CONCLUSION...

Depuis son couronnement, Notre-Dame de Grâce, — comme les peuples heureux, — n'a plus d'histoire : Elle vit sur son passé, qui a suffi à lui acquérir, dans tout le monde, une fervente renommée, telle que, chaque jour, des pèlerins viennent, des coins les plus lointains de France, implorer ou remercier la Dame Miraculeuse qui sauva tant de marins de la tempête, tant de malheureux de la détresse, tant de malades de la mort...

S'il est des sceptiques qui doutent, qu'ils entrent dans le petit sanctuaire et qu'ils lisent, sur les mille ex-voto qui en sont le plus bel ornement, le plus riche, le plus sublime, qu'ils lisent les mots, simples et touchants, de foi, d'amour, de reconnaissance criés à la Vierge, par tous ceux qu'elle a protégés, consolés, sauvés !... Qu'ils viennent à la Côte de Grâce, aux jours de mai, lors des pèlerinages qui s'y succèdent.

Qu'ils viennent, et ils verront.

Car, à côté des hôtes illustres venus se prosterner humblement aux pieds de Marie et réclamer le secours de sa grâce, il est d'autres pélerins, des pauvres, des inconnus, des anonymes, dont la venue en ce lieu présente une signification plus grandiose encore. Ce sont les modestes paysans, les rudes matelots, qui, chaque année, au printemps, se pressent, en foules compactes, vers la petite chapelle.

C'est alors que la Côte prend un aspect d'inoubliable pittoresque et de recueillement.

Dans la féerie des arbres en fleurs et des verdures toutes neuves, se déroulent, par paroisses entières, de longues processions déployant, au vent de mer, de lourdes bannières aux velours cramoisis, de somptueux ornements aux ors patinés et chauds...

Telles sont précédées du *sonneux*, qui ouvre la marche, et la scande, au rythme cadencé de ses *tintenelles* aigrelettes.

D'autres sont encadrées d'une longue théorie de *charitons*, revêtus des insignes traditionnels de leur confrérie : un large baudrier de velours brodé d'or, et portant, sur l'épaule, la torche sculptée et peinte de couleurs éclatantes... Ces ornements, souvent très anciens, sont, dans certaines paroisses, de véritables merveilles d'art primitif, conservées pieusement depuis des siècles, par les fabriques.

Rien n'est plus touchant, ni plus beau, que ces processions où les files blanches des petites communiantes couronnées et voilées, les bannières bariolées, les ornements brillants, s'avancent lentement sur le fond cru du décor verdoyant et y mettent des taches vives, d'une harmonie imprévue. Rien n'est plus attachant, — même pour le profane, — que le spectacle joli de ces pèlerinages qui lancent, comme un défi à la raillerie des incroyants, leurs cantiques naïfs et fervents, vers la Vierge Marie...

Toute la Normandie, de la plus grande ville au plus petit hameau, vient ainsi, chaque année, rendre hommage à Notre-Dame de Grâce, et il n'est pas rare de voir, sur la Côte, une affluence telle que l'on est obligé, pour recevoir tous les fidèles présents ensemble, de célébrer les offices en plein air, sur un autel aménagé, en face de la chapelle, sous les beaux ormes du plateau.

Mais l'une des plus jolies traditions qui se soient perpétuées à Honfleur, est celle de la *Procession des Marins*, qui a lieu tous les ans, le lundi de la Pentecôte.

Ce jour-là, les marins honfleurais ont conservé la charmante coutume de monter à Grâce en cortège, et accompagnés des Autorités et Sociétés locales, encadrant de jeumes mousses portant, sur des civières fleuries, toute une flottille de petits bateaux pavoisés.

C'est à qui rivalisera de zèle, pour donner à cette cérémonie populaire tout l'éclat possible. Des arcs de triomphe, composés d'agrès et d'engins maritimes, filets, avirons, gaffes, cordages, pavillons, ancres, sont dressés sur le parcours, de multiples guirlandes de drapeaux tendent, au-dessus du chemin de verdure, leurs pavois multicolores...

Et n'est-ce pas un beau symbole de l'âme droite et pure de leur race, que le geste touchant et pieux de ces hommes intrépides et rudes, qui se retrouvent, chaque année en ce jour de fête, un cœur d'enfant, pour aller, graves et puérils, porter solennellement, en gage de leur confiance et de leur foi, des petits bateaux-joujoux à leur bonne et douce Mère, Notre-Dame de Grâce ?...

1923 CAMY-RENOULT.

TABLE DES MATIÈRES

Imprimerie de la Vicomté
Rouen

Rouen

Imp. de la Vicomté

www.ingramcontent.com/pod-product-compliance
Ingram Content Group UK Ltd.
Pitfield, Milton Keynes, MK11 3LW, UK
UKHW022123170726
13837UKWH00003B/1327

9 782329 199689